한자 어휘 학습으로 개념 익히기

쏙쏙 한쏙 과학

3학년

추천의 말씀

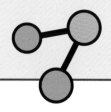

좋은 책이 출판되었다. 반갑다. 교사로서 학생들을 가르치는데 이런 책이 필요하다는 생각을 예전부터 해 왔었다. 한자 어휘를 모르고 과학 개념을 외우기 중심으로 공부해 온 초등학생들에게 큰 도움이 될 것이다.

교과서 한자 어휘 익히기뿐만 아니라, 여러 출판사의 검인정 교과서 분석을 통해 공통적인 핵심 내용을 잘 정리해 준 책이다. 또 교과서 내용 알아보기에 그치지 않고 평가 문항을 통한 확인 과정까지 이어지는 짜임이 잘 된 책이다.

강 옥 초등학교 교장(인천광역시)

여러 가지 한계와 사정으로 학교에서 다루기 힘든 교과서 한자 지도를, 학생들이 자기 주도적으로 잘할 수 있게 구성된 매우 의미 있는 책입니다. 학생과 학부모에게 이 책으로 공부해 보길 적극 추천합니다.

김영숙 초등학교 학부모(서울특별시)

오래전부터 학생들의 어휘력 부족 문제가 우리 사회의 큰 관심거리가 되었다. 한자를 배워 본 적이 없는 학생들에게 과학 개념과 관련된 어휘는 큰 산이 되었다. 이 책을 통해 초등 과학 교과서에 나오는 개념 관련 어휘의 산을 쉽게 넘을 수 있게 될 것이다.

김복현 초등학교 교장(광주광역시)

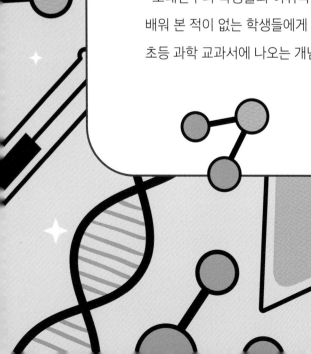

꼭 필요한 좋은 책을 만들어 준 필자에게 감사드린다. 책꽂이에 두고 교과서 진도에 맞추어 한 단원씩 공부해 나가기 참 좋은 책이다. 특히 한자를 익히는 것에 중심을 두지 않고 동화책처럼 여러 번 반복에서 읽는 것만으로도 큰 학습효과가 있겠다.

배유리 초등학생 학부모(충청남도)

수학에서 이등(二等)변 삼각(三角)형을 가르칠 때 '이등변은 똑같은 변이 2개고, 삼각형은 각이 세 개다.'의 형태로 가르쳐서 효과를 본 기억이 있다. 초등학생이 한자 어휘를 먼저 알고 공부하는 방법은 확실히 효과적이다.

고성용 초등학교 교사(전라남도)

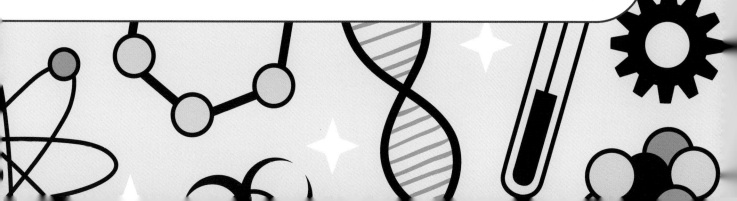

한자 어휘 학습으로
쏙쏙 개념 익히기

한쏙 과학

3학년

한자 어휘 학습으로 개념 익히기

쏙쏙
한쏙 과학

3학년

3학년

초판 인쇄일 2024년 2월 14일
초판 발행일 2024년 2월 28일

지은이 박병진
발행인 김영숙
신고번호 제2022-000078호
발행처 🎵북장단
주소 (10881) 경기도 파주시 회동길 445-4(문발동 638) 408호
전화 031)955-9221~5 팩스 031)955-9220
인스타그램 @ddbeatbooks 메일 ddbeatbooks@gmail.com

기획·진행 북장단편집부
디자인 김보리
영업마케팅 김준범, 서지영
ISBN 979-11-983182-4-4
정가 13,000원

1. 제조자 북장단
2. 주소 경기도 파주시 회동길 445-4 408호
3. 전화번호 031-955-9224
4. 제조년월 2024년 2월 14일
5. 제조국 대한민국
6. 사용연령 8세 이상

사용상 주의사항
• 종이에 긁히거나 손이 베이지 않도록 주의하세요.
• 제품을 입에 넣거나 빨지 않도록 주의하세요.
• KC마크는 이 제품이 공통안전기준에 적합하였음을 의미합니다.

머리말

수업을 오랫동안 한 선생님들은 '이렇게 가르치면 학생들이 쉽게 이해한다'라는 노하우가 생깁니다. 저 역시 초등학교 과학 교사로서 수십 년 동안 아이들을 가르치며 얻은 노하우가 있습니다. 바로 '아이들에게 단어의 한자를 함께 가르치면 과학적 개념을 아주 쉽게 이해한다'라는 것입니다.

초등학교 3학년 과학 교과서를 보면 많은 한자 어휘가 등장합니다. 그중 1학기 첫 번째 단원에는 '물체'와 '물질'이라는 어휘가 등장합니다. '물체'와 '물질'은 모두 물건과 관련되어 있으나 서로 다른 개념입니다. 하지만 아이들은 이 두 단어의 뜻을 구분하기 어려워합니다. 이럴 때 한자를 같이 가르치면 어떨까요?

물체(物體)에서 물(物)은 '물건 물'이고 체(體)는 '몸 체'입니다. 두 한자의 뜻을 합치면 물체는 '몸이 있는 물건'이 됩니다. 책상, 그릇, 의자 모두 몸이 있습니다. 그러니 모두 물체입니다.

한편 물질(物質)에서 질(質)은 '바탕 질'입니다. 즉 물질은 '물건의 바탕 재료'라는 뜻이지요. 의자가 물체라면 의자의 바탕 재료인 나무는 물질입니다. 유리그릇이 물체라면 그릇의 바탕 재료인 유리는 물질입니다. 이처럼 한자를 익히게 되면 물체와 물질을 쉽게 구분할 수 있게 되는 것입니다.

학생들은 '지표'와 '침식', '운반'과 '퇴적' 그리고 '물체'와 '물질' 등의 개념에 늘 헷갈립니

다. 처음 듣기도 했고, 한자를 같이 익히면서 뜻을 이해하지 않고 단순 암기만 하기 때문이죠. 하지만 한자를 같이 익히면 뜻풀이를 통해 문해력을 키울 수 있고, 과학적 개념을 보다 쉽게 이해할 수도 있습니다. 자연스럽게 어휘력은 풍부해지고 과학적 상상력은 커집니다.

한자 뜻풀이를 이용한 과학 개념 학습에 관심을 두면서, 이와 유사한 학습지를 모두 찾아 보았습니다. 거의 모든 책들에 큰 한계가 있었습니다. 한자를 다루고 있어도 단순히 한자를 익히는 정도에 그치고 있었습니다. 그래서 이 책을 쓰게 되었습니다.

이 책을 통해 아이들은 한자를 익히며 교과서 과학 공부를 재미있게 하게 될 것입니다. 또한 학습한 지식을 문제를 통해 복습하면서 자기 것으로 만들 수 있을 것입니다. 책을 보는 아이들이 어휘력과 상상력을 키워 훌륭한 인재로 자라나길 바랍니다.

저자 박병진

책의 구성

이 책은 과학 교과서의 **한자어**를 쉽게 익힐 수 있도록 구성되어 있어요!

초등학생이 꼭 알아야 할 교과 연계 필수 과학 용어를 매일 하나씩 배울 수 있어요.

둘째

과학 용어를 개념부터 어휘까지 일상 속 상황을 통해 친밀하게 만나 보아요.

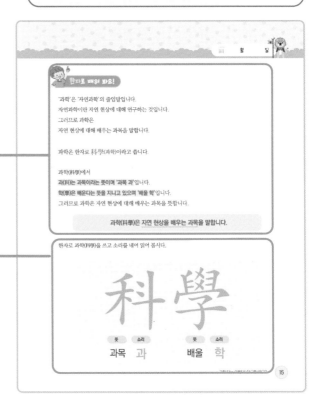

셋째

앞에서 배운 용어를 각 한자마다 뜻(훈)과 소리(음)를 알고 전체적인 뜻을 배워요.

넷째

한자의 뜻과 소리를 입으로 말해 보면서 모양을 익혀요.

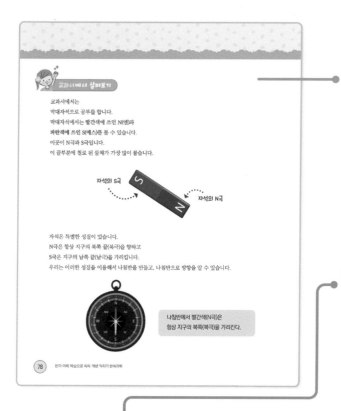

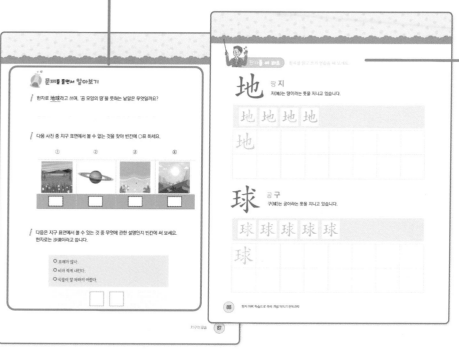

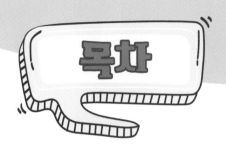

목차

3학년 1학기

1 과학자는 어떻게 탐구할까요?

2 물질의 성질

3 동물의 한살이

4 자석의 이용

5 지구의 모습

 일러두기

○ 초등학교 3학년 1학기, 2학기 교과서에 등장하는 어휘를 수집해 그 안에서 가장 자주 등장하는 단어를 선별하였습니다.

○ 국립국어원의 표준 국어대사전 뜻풀이를 기본으로 하되 초등학생의 눈높이에 맞게 보다 쉽게 풀어썼습니다.

3학년 2학기

1 지표의 변화

2 물질의 상태

3 소리의 성질

문제를 풀면서 알아보기 정답

박 남 기 광주교육대학교 교육학과 교수 (전 총장)

초등학생 아이가 과학 평가 시험에서 다음과 같은 문제를 만났다고 보겠습니다.

> ※ 다음은 물체와 물질을 구분하는 문제입니다. 물체가 아닌 것은 무엇인가요?
> ① 책상   ② 의자   ③ 지우개   ④ 나무

어른들도 한자 어휘를 잘 모르는 경우 선뜻 답하기 애매한 문제입니다. 그러나 학생이 물체(物體)와 물질(物質)의 한자 어휘를 잘 알고 있다면 이 문제는 쉽게 해결할 수 있게 됩니다.

물체는 '몸이 있는 물건'을 뜻합니다. 한자 物體(물체)에서 物(물)은 물건을 뜻하는 '물건 물'이고, 體(체)는 몸을 뜻하는 '몸 체'이기 때문입니다. 그러므로 물체는 고유한 모양을 지닌 자기의 몸이 있어야 합니다.

책상도 몸이 있는 물건이니 물체입니다. 그리고 의자와 지우개도 자기의 몸이 있는 물체입니다. 그러나 나무는 물체의 바탕을 이루는 물질에 해당합니다.

物質(물질)에서 物(물)은 물건을 뜻하는 '물건 물'이고, 質(질)은 그 물체의 바탕을 뜻하는 '바탕 질'이기 때문입니다.

이처럼 과학 개념을 공부할 때 한자를 활용하는 것은 매우 유용합니다. 학생들이 단어를 읽고 머릿속에서 그 한자의 뜻을 헤아려 사고할 수 있게 하는 힘이 바로 어휘력입니다.

요즘 젊은이들의 어휘력이 부족하고 문해력이 낮은 이유 중 하나는 우리 단어를 영어 단어 외우듯이 무조건 암기하고 있기 때문입니다. 우리의 뇌는 이해하지 못한 채 무조건 외우는 일은 잘하지 못합니다. 이해하면 쉽게 외울 수 있고, 활용도 할 수 있습니다.

단어의 뜻을 쉽게 이해할 수 있도록 돕는 하나의 방법이 단어를 이루고 있는 한자를 가르쳐 주는 것입니다. 단어에 들어 있는 한자를 추출하여 그 뜻을 알려 주고, 같은 한자로 이뤄진 유사어들을 함께 가르치면 어휘력은 폭발적으로 성장합니다. 이것이 문해력을 높이는 지름길입니다.

이 책은 교과서에 나오는 개념을 단순히 외우게 하기보다, 암기와 동시에 그 한자어 자체를 이해할 수 있게 하는 것이 가장 큰 강점입니다. 이에 이 책을 초등학교에서 과학을 공부하는 학생들과 이들을 지원하는 학부모들에게 꼭 권하고 싶습니다.

초등학교 과학 **3**학년 **1**학기

1

과학자는 어떻게 탐구할까요?

3학년 1학기

과학
科學

무슨 뜻인가요?

3학년이 되면
드디어 과학 공부를 하게 됩니다.

1학년과 2학년 때도
우리는 과학 공부를 했습니다.
다만 교과서 이름이 '슬기로운 생활'이었을 뿐이죠.

이제 3학년부터는
본격적으로 과학 교과를 배우게 됩니다.

과학 교과는 주로 과학실에서 공부하고
재미있는 실험도 많이 한답니다.

그래서 과학 교과서와 함께 '실험관찰' 책도 함께 준비해야 합니다.

과학 교과서

실험관찰

 한자로 배워 봐요!

'과학'은 '자연과학'의 줄임말입니다.

자연과학이란 자연 현상에 대해 연구하는 것입니다.

그러므로 과학은

자연 현상에 대해 배우는 과목을 말합니다.

과학은 한자로 科學(과학)이라고 씁니다.

과학(科學)에서

과(科)는 과목이라는 뜻이며 '과목 과'입니다.

학(學)은 배운다는 뜻을 지니고 있으며 '배울 학'입니다.

그러므로 과학은 자연 현상에 대해 배우는 과목을 뜻합니다.

> **과학(科學)은 자연 현상을 배우는 과목을 말합니다.**

한자로 과학(科學)을 쓰고 소리를 내어 읽어 봅시다.

뜻	소리	뜻	소리
과목	과	배울	학

여러분들은 3학년 과학 공부를 위해
관찰과 측정, 분류 그리고 예상과 추리, 의사소통 등의 탐구 기능을 익히게 됩니다.

| 관찰 | 측정 | 분류 | 예상 | 추리 | 의사소통 |

그래서 3학년 1학기 첫 단원 이름이
'과학자는 어떻게 탐구할까요?'입니다.

이번 단원 공부를 통해
앞으로 관찰, 측정, 분류, 예상, 추리의 뜻을 한자를 통해 알아보도록 할게요.

 문제를 풀면서 *알아보기*

✏️ 한자로 <u>科學</u>이라고 쓰며, '자연 현상을 배우는 과목'을 뜻하는 낱말은 무엇일까요?

한자를 써 봐요 한자를 읽고 쓰기 연습을 해 보세요.

 科

과목 **과**

과(科)는 과목이라는 뜻을 지니고 있습니다.

科	科	科	科				
科							

 學

배울 **학**

학(學)은 배운다는 뜻을 지니고 있습니다.

學	學	學	學	學	學	
學						

관찰
觀 察

무슨 뜻인가요?

관찰한다는 말을 들어본 적이 있나요?
무엇을 자세히 살펴볼 때 사용하는 말입니다.

꽃을 관찰한다.
곤충을 관찰한다.
들에서 식물을 관찰한다.

여러 가지 조개껍데기를 관찰한다.
돋보기를 이용해서 모양을 관찰한다.

현미경을 이용해서 나뭇잎을 관찰한다.
청진기를 이용해서 몸에서 나는 소리를 관찰한다.
손으로 만져 보면서 여러 가지 돌멩이의 특징을 관찰한다.

이렇게 사용하는 말입니다.

돋보기를 이용해서 관찰하는 모습

강낭콩
관찰 기록장

강낭콩 관찰 기록장

한자로 배워 봐요!

관찰은 눈으로도 하고 코로도 하고 입으로도 하고 귀로도 하고 피부로도 할 수 있습니다.

관찰은 한자로 觀察(관찰)이라고 씁니다.

관찰(觀察)에서
관(觀)은 본다는 뜻을 지니고 있으며 '볼 관'입니다.
찰(察)은 살펴본다는 뜻을 지니고 있으며 '살필 찰'입니다.
그러므로 관찰(觀察)은 잘 살펴본다는 뜻을 지니고 있습니다.

> **관찰(觀察)**은 살펴보는 것을 말합니다.

한자로 관찰(觀察)을 쓰고 소리를 내어 읽어 봅시다.

뜻	소리	뜻	소리
볼	관	살필	찰

교과서에서 **살펴보기**

교과서에서는 여러 가지 물체를 눈과 코 그리고 귀와 피부 등을 이용해서 살펴보는 공부를 합니다.

관찰(觀察)을 잘하기 위해선 자세히 살펴보는 것이 중요합니다.
눈으로는 색깔과 모양 그리고 크기를 관찰하고
코로는 냄새를 관찰하며
귀로는 소리를 관찰하고
피부로는 느낌을 관찰할 수 있습니다.

 문제를 풀면서 **알아보기**

✎ 한자로 <u>觀察</u>이라고 쓰며, '살펴보는 것'을 뜻하는 낱말은 무엇일까요?

✎ 집에 있는 과일 하나를 관찰하고, 관찰한 결과를 써 봅시다.

관찰할 과일 그리기	눈으로 관찰한 내용
	피부로 관찰한 내용

觀

볼 관

관(觀)은 본다는 뜻을 지니고 있습니다.

觀	觀	觀	觀	觀	觀	觀

觀						

살필 찰

찰(察)은 살펴본다는 뜻을 지니고 있습니다.

察	察	察	察	察	察

察					

3학년 1학기

측정
測定

무슨 뜻인가요?

측정은 무언가를 잴 때 사용하는 말입니다.

길이를 측정한다.
높이를 측정한다.
물의 부피를 측정한다.

운동장의 넓이를 측정한다.
우리 반 학생들의 키와 몸무게를 측정한다.

줄자를 이용해서 우리 학교의 복도의 폭을 측정해 보니 2m 40cm였다.
저울을 이용해서 고구마의 무게를 측정해 보니 4kg이었다.

이렇게 사용하는 말입니다.

저울을 이용하여 몸무게 측정하기

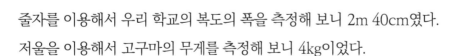

자를 이용하여 길이 측정하기

한자 어휘 학습으로 쏙쏙 개념 익히기 한쏙과학

한자로 배워 봐요!

측정할 때는 자를 이용해서 재기도 하고 온도계나 체중계를 이용해서 재기도 합니다. 측정이란 한자에는 잰다는 뜻이 들어 있습니다.

측정은 한자로 測定(측정)이라고 씁니다.

측정(測定)에서
측(測)은 잰다는 뜻을 지니고 있으며 '잴 측'입니다.
정(定)은 정한다는 뜻을 지니고 있으며 '정할 정'입니다.
그러므로 측정(測定)은 재 보고 그 길이나 크기를 정하는 것을 말합니다.

> 측정(測定)은 <u>무언가를 재 보고 정하는 것</u>을 말합니다.

한자로 측정(測定)을 쓰고 소리를 내어 읽어 봅시다.

뜻	소리	뜻	소리
잴	측	정할	정

교과서에서는

여러 가지 물체의 길이와 무게 그리고 온도 등을 재 보는 활동을 합니다.

측정(測定)은

길이를 측정할 때는 자를 사용하여 재고

무게를 측정할 때는 저울을 사용하여 잽니다.

사람의 몸무게를 측정할 때는 체중계를 사용하여 잽니다.

물의 온도를 측정할 때는 온도계를 사용하여 재고

사람 몸의 온도를 측정할 때는 체온계를 사용하여 잽니다.

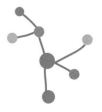

 문제를 풀면서 알아보기

✎ 한자로 <u>測定</u>이라고 쓰며, 무언가를 '재 보고 정하는 것'을 뜻하는 낱말은 무엇일까요?

_____

✎ 다음 중 측정하는 방법이 <u>아닌</u> 것은 무엇인가요?   (   )

① 자로 재기   ② 온도계로 재기   ③ 저울로 재기   ④ 눈짐작으로 재기

한자를 써 봐요   한자를 읽고 쓰기 연습을 해 보세요.

測 잴 **측**

측(測)은 잰다는 뜻을 지니고 있습니다.

測	測	測	測				
測							

定 정할 **정**

정(定)은 정한다는 뜻을 지니고 있습니다.

定	定	定	定			
定						

3학년 1학기

분류
分類

무슨 뜻인가요?

분류는 무리를 지어 나눌 때 사용하는 말입니다.

그래서 무리 짓기라고도 합니다.
무리 지어 나누기라 할 수도 있습니다.

모양에 따라 분류한다.
색깔에 따라 분류한다.

남학생과 여학생으로 분류한다.
여러 가지 공을 크기에 따라 분류한다.
우리 반 학생들을 안경을 쓴 학생과
안경을 쓰지 않는 학생으로 분류한다.

이렇게 사용하는 말입니다.

여러 가지 분류의 예

PAPER　　GLASS　　PLASTIC

재활용 쓰레기 분류함

과일　　　　채소

과일과 채소로 분류하기

한자로 배워 봐요!

分類(분류)라는 한자에는 무리로 나눈다는 뜻이 들어 있습니다.

분류는 한자로 分類(분류)라고 씁니다.

분류(分類)에서
분(分)은 나눈다는 뜻을 지니고 있으며 '나눌 분'입니다.
류(類)는 무리라는 뜻을 지니고 있으며 '무리 류'입니다.
그러므로 분류(分類)는 무리를 지어 나누는 것을 말합니다.

> 분류(分類)는 무리를 지어 나눈다는 뜻입니다.

한자로 분류(分類)를 소리를 내어 읽어 봅시다.

뜻	소리	뜻	소리
나눌	분	무리	류

교과서에서는 공통점과 차이점을 바탕으로 무리 짓는 활동을 합니다.

분류를 위해서는
먼저 사물들의 특징을 잘 관찰해 보아야 합니다.

사물의 특징을 관찰한 후에
어떻게 분류할 것인지를 정해야 합니다.

이때 어떻게 분류할 것인지를 '분류기준'이라고 합니다.

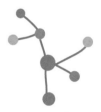

 문제를 풀면서 알아보기

🖊 한자로 <u>分類</u>라고 쓰며, '무리를 지어 나눈다'를 뜻하는 낱말은 무엇일까요?

🖊 분류를 위해서는 사물의 특징을 관찰한 후에 어떻게 분류할 것인지를 정해야 합니다.
이때 어떻게 분류할 것인지를 <u>이것</u>이라고 합니다. 이것은 무엇일까요?

		기	준

한자를 읽고 쓰기 연습을 해 보세요.

分

나눌 분

분(分)은 나눈다는 뜻을 지니고 있습니다.

分	分	分	分				
分							

類

무리 류

류(類)는 무리라는 뜻을 지니고 있습니다.

類	類	類	類	類	類	類
類						

3학년 1학기

예상
豫想

무슨 뜻인가요?

예상한다는 말을 쓰지요.
주로 언제 사용하나요?

하늘에 먹구름이 잔뜩 끼어 있는 것을 보니, 곧 비가 올 것으로 예상된다.

이렇게 사용하는 말입니다.

과학에서 예상은
미리 관찰한 후 다음에 있을 일을 예상해야 합니다.
또 미리 측정한 후 다음에 있을 일을 예상하기도 합니다.
그리고 어떤 규칙을 미리 찾아낸 후 예상을 하는 것입니다.
관찰과 측정 등이 없이
자기 마음대로 짐작하는 것은 과학에서 예상이라 하지 않습니다.

과학 공부를 할 때 예상이란 먼저 관찰한 내용과 규칙성을 찾아보고 앞으로 일어날 일을 미리 생각해 보는 것이라 했습니다.

예상이란 한자에는 미리 생각한다는 뜻이 들어 있습니다.
예상은 한자로 豫想(예상)이라고 씁니다.

예상(豫想)에서
예(豫)는 미리라는 뜻을 지니고 있으며 '미리 예'입니다.
상(想)은 생각한다는 뜻을 지니고 있으며 '생각 상'입니다.

예상(豫想)은 미리 생각한다는 뜻입니다.

한자로 예상(豫想)을 쓰고 소리를 내어 읽어 봅시다.

뜻	소리	뜻	소리
미리	예	생각	상

교과서에서는 측정한 표를 보고 그다음을 예상하는 공부를 합니다.

또 몇 가지 실험을 해 보고, 비슷한 실험을 하면 어떻게 될 것인지
결과를 예상하는 공부를 합니다.

 문제를 풀면서 알아보기

✏ 한자로 <u>豫想</u>이라고 쓰며, '미리 생각한다'를 뜻하는 낱말은 무엇일까요?

───

✏ 다음은 식물의 키가 자라는 길이를 1주일 간격으로 잰 후 기록한 표입니다. 빈칸에 알맞은
길이를 예상해서 써 보세요.

잰 때	처음	1주일 후	2주일 후	3주일 후
길이(cm)	5cm	10cm	15cm	

 한자를 읽고 쓰기 연습을 해 보세요.

豫

미리 **예**

예(豫)는 미리라는 뜻을 지니고 있습니다.

豫	豫	豫	豫	豫	豫	豫	豫
豫							

想

생각 **상**

상(想)은 생각한다는 뜻을 지니고 있습니다.

想	想	想	想				
想							

3학년 1학기

추리
推理

무슨 뜻인가요?

추리한다는 말을 들어 보셨죠?

가장 먼저 떠오르는 사람이 누구인가요?

맞습니다. 추리와 가장 어울리는 직업은 과학자나 탐정이겠죠.

탐정은

사건을 해결하기 위해 여러 가지를 자세히 관찰한 후

지금까지 자기가 알고 있는 것들을 바탕으로

과거에 무슨 일이 있었는지 사건의 진실을 알아냅니다.

이렇게 자기가 알고 있는 사실을 바탕으로

또 다른 사실을 미루어 짐작하는 것을 추리(推理)라고 합니다.

물을 끓이면 뜨거워지고
김이 나는군

컵에 든 물에서
김이 나는 것을 보니
물이 뜨겁겠구나

한자로 배워 봐요!

과학 공부를 할 때 예상이란 관찰한 후
앞으로 일어날 미래의 일을 미리 생각해 보는 것이라 했죠?

추리란 관찰한 사실뿐 아니라, 이미 내가 알고 있는 것을 바탕으로
과거에 있었을 일을 미루어 생각해 보는 것입니다.

추리는 한자로 推理(추리)라고 씁니다.

추리(推理)에서
주(推)는 추측한다는 뜻을 지니고 있으며 '**밀 추**'입니다.
리(理)는 다스린다는 뜻과 깨닫다의 뜻을 지니고 있으며, '**다스릴 리**'입니다.

> **추리(推理)**는 <u>미루어 생각한다는 뜻</u>입니다.

한자로 추리(推理)를 쓰고 소리를 내어 읽어 봅시다.

뜻	소리		뜻	소리
밀	추		다스릴	리

교과서에서는 그림이나 사진을 관찰한 후 예전에 무슨 일이 있었을지 추리해 보는 활동을 합니다.

또 그림이나 사진을 보고 자기가 알고 있는 것들을 모두 이용해서 다른 사실들을 미루어 생각해 보는 공부를 합니다.

 문제를 풀면서 **알아보기**

✏ 다음 사진은 차가운 냉장고에서 몇 분 전에 꺼내 놓은 방울토마토의 모습입니다. 처음에는 볼 수 없었는데, 시간이 지난 후 방울토마토에 물방울이 맺혀 있는 것을 관찰했습니다. **왜 물방울이 맺혔을까요?** 내가 알고 있는 것을 바탕으로 추리한 후 내 생각을 써 보세요.

물방울이 맺힌 차가운 방울토마토	내가 생각한 추리

推

밀 추

추(推)는 추측한다는 뜻을 지니고 있습니다.

推	推	推	推			
推						

理

다스릴 리

리(理)는 다스린다는 뜻과 깨닫다의 뜻을 지니고 있습니다.

理	理	理	理			
理						

物
물건 물

質
바탕 질

物體
물건 물　몸 체

物
물건 물

體
몸 체

2

물질의 성질

3학년 1학기

물체
物體

무슨 뜻인가요?

우리 주변에는 여러 가지 물건들이 있습니다.

책상도 있고 지우개도 있습니다.

유리컵도 있고 식판도 있습니다.

이러한 물건들은 모두 어떤 모양을 지니고 있습니다.

다르게 말하면 자기의 몸이 있습니다.

책상의 몸

다음은 자기의 몸을 가지고 있는 여러 가지 물체들입니다.

지우개의 몸

유리컵의 몸

식판의 몸

한자로 배워 봐요!

물건들은 모두 자기의 모양을 가지고 있습니다. 물건들은 또 모두 자기의 크기를 가지고 있습니다. 자기의 이름도 가지고 있고 여러 가지 쓰임이 있습니다. 물체란 자기의 몸과 모양을 가지고 있는 물건을 말합니다.

물체는 한자로 物體(물체)라고 씁니다.

물체(物體)에서
물(物)은 물건을 뜻하며 '물건 물'입니다.
체(體)는 몸을 뜻하며, '몸 체'입니다.

물체(物體)는 <u>몸이 있는 물건</u>이라는 뜻입니다.

한자로 물체(物體)를 쓰고 소리를 내어 읽어 봅시다.

뜻	소리		뜻	소리
물건	물		몸	체

교과서에서는 우리 주변의 여러 가지 물체들을 찾아봅니다.

또 여러 가지 물체를 살펴보고 그 물체가 어떤 물질로 만들어졌는지 알아보기도 하고 여러 가지 물질의 성질에 관해서도 공부합니다.

 문제를 풀면서 알아보기

✎ 한자로 物體라고 쓰며, '몸이 있는 물건'을 뜻하는 낱말은 무엇일까요?

✎ 아래의 그림을 살펴보면서 물체인 것을 찾아 '물체'라고 써 보세요.

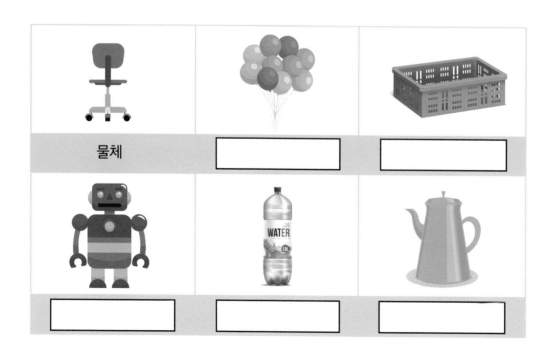

한자를 읽고 쓰기 연습을 해 보세요.

物

물건 물

물(物)은 물건이라는 뜻을 지니고 있습니다.

物	物	物	物		
物					

體

몸 체

체(體)는 몸을 뜻합니다.

體	體	體	體	體	體
體					

물질
物質

무슨 뜻인가요?

나무로 만들어진 물체가 있습니다.
유리로 만들어진 물체도 있습니다.
고무로 만들어진 물체도 있습니다.
금속으로 만들어진 물체도 있습니다.
플라스틱으로 만들어진 물체도 있습니다.

이렇게
물체를 만드는 재료를 물질이라고 합니다.
나무도 물질이고, 유리도 물질입니다.
고무도 물질이고, 금속도 물질입니다.
플라스틱도 물질이고, 섬유도 물질입니다.

나무 물질로 만든 연필 물체

섬유 물질로 만든 옷 물체

이런 물질을 바탕으로 물체를 만듭니다.
나무 물질로 연필 물체를 만듭니다.
섬유 물질로 옷 물체를 만듭니다.
유리 물질로 그릇 물체를 만듭니다.

유리 물질로 만든 그릇 물체

모든 물체는
그 물체를 만드는 재료가 있습니다.
이 재료를 물체를 만드는 바탕이라고 합니다.

물질이란 물체를 이루는 바탕과 재료를 말합니다.

물질은 한자로 物質(물질)이라고 씁니다.

물질(物質)에서
물(物)은 물건을 뜻하며 '물건 물'입니다.
질(質)은 바탕과 재료를 뜻하며 '바탕 질'입니다.

물질(物質)은 물건의 바탕이라는 뜻입니다.

한자로 물질(物質)을 쓰고 소리를 내어 읽어 봅시다. 물질은 물건의 바탕을 뜻합니다.

뜻	소리		뜻	소리
물건	물		바탕	질

교과서에서는 여러 가지 물질들의 색깔, 느낌, 휘어지는 정도, 단단하기, 물에 뜨거나 가라앉는지 등
여러 가지 성질을 공부합니다.

여러 가지 물질의 성질 관찰하기

물질	금속물질	고무	나무와 플라스틱
성질	단단하다	잘 휘어진다	물에 뜬다

한자 어휘 학습으로 쏙쏙 개념 익히기 한쏙과학

교과서에서는 또 여러 가지 물체를 만들 때, 물질들의 성질을 잘 이용해서 만들어야 한다는 것을 공부합니다.

물체		물질	이용한 성질
실내화		고무	잘 미끄러지지 않는다
자동차 타이어		고무	충격을 잘 흡수한다
자동차 창문		유리	투명하다
가윗날		금속	단단하다

문제를 풀면서 **알아보기**

✐ 한자로 <u>物質</u>이라고 쓰며, '물건의 바탕'을 뜻하는 낱말은 무엇일까요?

✐ 다음 물체들이 어떤 물질로 만들어졌는지 빈칸에 알맞은 말을 써 보세요.

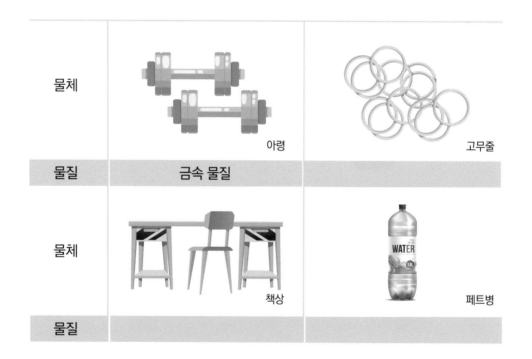

물체	아령	고무줄
물질	금속 물질	
물체	책상	페트병
물질		

✐ 다음 글을 읽고 맞으면 ○, 틀리면 X 하세요.

물질의 단단한 성질을 이용해서 자동차의 타이어를 나무로 만들었다.	☐

물질의 단단한 성질을 이용해서 가윗날을 금속으로 만들었다.	☐

한자 어휘 학습으로 쑥쑥 개념 익히기 한쏙과학

物

물건 물

물(物)은 물건이라는 뜻을 지니고 있습니다.

物	物	物	物			
物						

質

바탕 질

질(質)은 바탕과 재료를 뜻합니다.

質	質	質	質			
質						

초등학교 과학 **3**학년 **1**학기

植
심을 식

通
통할 통

不
아닐 불

動
움직일 동

差
다를 차

全
온전할 전

完
완전할 완

生
날 생

3

동물의 한살이

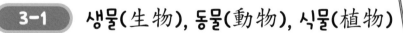

생물, 동물, 식물
生物, 動物, 植物

무슨 뜻인가요?

생물이라는 말이 있습니다.
생명을 가지고 스스로 살아가는 만물들을 말합니다.

사람도 태어난 날을 생일이라고 하죠?
여기서 생(生)은 생명을 말합니다.
그러니까 생일날은 생명을 얻은 날이죠.

동물

식물

한자 어휘 학습으로 쏙쏙 개념 익히기 한쏙과학

한자로 배워 봐요!

1. 생물

생물은 한자로 生物(생물)이라고 씁니다.

생물(生物)에서
생(生)은 태어나서 살아 있다는 뜻으로 '날 생'입니다.
물(物)은 모든 만물을 뜻하고, '물건 물' 또는 '만물 물'입니다.

생물(生物)은 살아 있는 만물을 뜻합니다.

한자로 생물(生物)을 쓰고 소리를 내어 읽어 봅시다.

뜻	소리		뜻	소리
날	생		물건	물

2. 동물

동물은 움직이는 생물로 짐승, 벌레, 사람을 말합니다.
동물은 한자로 動物(동물)이라고 씁니다.

동물(動物)에서
동(動)은 움직인다는 뜻으로 '움직일 동'입니다.
물(物)은 모든 만물을 뜻하고, '물건 물' 또는 '만물 물'입니다.

> **동물(動物)은 움직이는 생물을 뜻합니다.**

한자로 동물(動物)을 쓰고 소리를 내어 읽어 봅시다.

뜻	소리	뜻	소리
움직일	동	물건	물

3. 식물

식물은 땅에 심어져 움직이지 못하는 생물을 말합니다.

식물은 한자로 植物(식물)이라고 씁니다.

식물(植物)에서

식(植)은 땅에 심는다는 뜻이고, '심을 식'입니다.

물(物)은 모든 만물을 뜻하고, '물건 물' 또는 '만물 물'입니다.

식물(植物)은 <u>땅에 심어져 움직이지 못하는 생물을 뜻</u>합니다.

한자로 식물(植物)을 쓰고 소리를 내어 읽어 봅시다.

뜻	소리	뜻	소리
심을	식	물건	물

 **교과서에서 살펴보기**

교과서에서는 여러 가지 동물들의 한살이를 공부합니다.

배추흰나비의 한살이

알	애벌레	번데기	어른벌레

 문제를 풀면서 알아보기

🖊 한자로 <u>動物</u>이라고 쓰며, '움직이는 생물'을 뜻하는 낱말은 무엇일까요?

_____

🖊 다음은 개의 한살이입니다. 빈칸에 알맞은 말을 써 보세요.

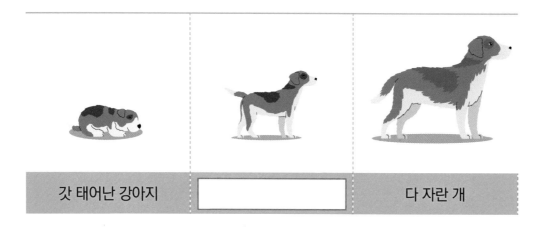

갓 태어난 강아지		다 자란 개

한자 어휘 학습으로 쏙쏙 개념 익히기 한쏙과학

生

날 **생**

생(生)은 태어나서 살아 있다는 뜻을 지니고 있습니다.

生	生	生	生			
生						

物

물건 **물**

물(物)은 만물을 뜻합니다.

物	物	物	物			
物						

動

움직일 **동**

동(動)은 움직인다는 뜻을 지니고 있습니다.

動	動	動	動			
動						

物

물건 **물**

물(物)은 만물을 뜻합니다.

物	物	物	物			
物						

植 **심을 식**

식(植)은 땅에 심는다는 뜻을 지니고 있습니다.

植	植	植	植				
植							

物 **물건 물**

물(物)은 만물을 뜻합니다.

物	物	物	物			
物						

완전, 불완전
完全, 不完全

무슨 뜻인가요?

곤충의 한살이는
알 – 애벌레 – 번데기 – 어른의 단계로 바뀝니다.

배추흰나비와 사슴벌레의 한살이도 이 네 단계로 바뀝니다.
장수풍뎅이와 누에나방도 이 네 단계가 모두 완전합니다.

곤충의 한살이가, 이 네 단계를 모두 거쳐서 바뀔 때 완전 탈바꿈이라고 합니다.

그러나 사마귀의 한살이는 한 단계가 없습니다.
번데기 과정이 없이 바로 어른벌레가 됩니다.

잠자리와 메뚜기의 한살이도 번데기 과정이 없습니다.

사슴벌레의 한살이 (완전 탈바꿈)

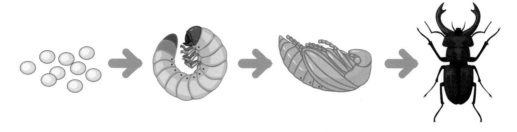

사마귀의 한살이 (불완전 탈바꿈)

1. 완전

완전은 한자로 完全(완전)이라고 씁니다.

완(完)은 다 갖추었다는 것을 뜻하고, '완전할 완'입니다.
전(全)은 모두 또는 전체를 뜻하는 말이며 '온전할 전'입니다.
그러므로 완전(完全) 탈바꿈은 모든 단계를 다 갖춘 곤충의 한살이를 말합니다.

완전(完全) 탈바꿈은 모든 단계를 다 갖추었다는 의미를 지니고 있습니다.

한자로 완전(完全)을 쓰고 소리를 내어 읽어 봅시다.

뜻 소리
완전할 **완**

뜻 소리
온전할 **전**

2. 불완전

곤충의 한살이, 네 단계에서 번데기 단계가 없는 한살이를 **불완전 탈바꿈**이라고 합니다.

불완전에서 불은 한자로 不(불)이라고 씁니다.

불(不)은 아니다는 뜻으로 '아닐 불'입니다.
그러므로 불완전(不完全) 탈바꿈은 모든 단계를 다 갖추지 못한 한살이를 말합니다.
특히 번데기 단계가 없는 곤충의 한살이를 말합니다.

불완전(不完全) 탈바꿈은 모든 단계를 다 갖추지 못했다는 뜻입니다.

한자로 불(不)을 쓰고 소리를 내어 읽어 봅시다. 불은 아니다는 뜻입니다.

뜻 소리

아닐 불

교과서에서 살펴보기

  교과서에서는 곤충의 한살이에서, 완전 탈바꿈을 하는 곤충과 불완전 탈바꿈을 하는 곤충을 공부합니다.
  완전 탈바꿈을 하는 곤충은 배추흰나비, 사슴벌레, 누에나방, 장수풍뎅이가 있고 불완전 탈바꿈을 하는 곤충은 사마귀, 잠자리, 메뚜기가 있습니다.

문제를 풀면서 알아보기

✏️ 불은 한자로 不이라고 쓰고 읽을 때는 '(   )(不)'입니다.

✏️ 다음은 잠자리와 장수풍뎅이의 한살이입니다. 빈칸의 번데기 단계가 있으면 ○, 없으면 X를 써 보세요. (잠자리는 불완전(不完全) 탈바꿈 곤충이고 장수풍뎅이는 완전(完全) 탈바꿈 곤충입니다.)

잠자리의 한살이

알	애벌레		어른벌레

장수풍뎅이의 한살이

알	애벌레		어른벌레

한자를 읽고 쓰기 연습을 해 보세요.

完

완전할 완

완(完)은 다 갖추었다는 것을 뜻합니다.

完	完	完	完				
完							

全

온전할 전

전(全)은 모두 또는 전체를 뜻합니다.

全	全	全	全				
全							

3학년 1학기

공통점, 차이점
共通點, 差異點

 무슨 뜻인가요?

공통점과 차이점은 서로 반대되는 말입니다.

먼저 공통점에 대해 알아볼까요?
공통점은 하나로 통하는 점을 말하며 우리 말로는 같은 점입니다.

동물은 알을 낳는 동물과 새끼를 낳는 동물로 분류할 수 있습니다.

동물의 한살이에서 닭과 오리의 공통점은 알을 낳는 것이고
개와 토끼의 공통점은 새끼를 낳는 점입니다.

닭과 오리의 공통점

닭과 닭의 알		오리와 오리의 알		공통점
				알을 낳는다

차이점은 서로 다르다는 뜻이며 우리 말로는 다른 점입니다.

메추리와 토끼의 차이점

메추리와 메추리알		토끼와 토끼의 새끼		차이점
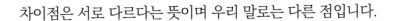				메추리는 알을 낳고 토끼는 새끼를 낳는다

1. 공통점

공통점은 한자로 共通點(공통점)이라고 씁니다.

공통점(共通點)에서
공(共)은 한가지라는 뜻으로 '한가지 공' 또는 '함께 공'입니다.
통(通)은 통한다는 뜻으로 '통할 통'입니다.

그러므로 공통점(共通點)은 하나로 통하는 부분을 말하며 우리 말로는 같은 점입니다.

공통점(共通點)은 서로가 하나로 통하는 점이며, 같은 점이라고도 합니다.

한자로 공통(共通)을 쓰고 소리를 내어 읽어 봅시다.

뜻	소리		뜻	소리
한가지	공		통할	통

2. 차이점

차이점은 한자로 差異點(차이점)이라고 씁니다.

차이점(差異點)에서
차(差)는 다르다는 뜻으로 '다를 차'입니다.
이(異)도 다르다는 뜻으로 '다를 이'입니다.

그러므로 차이점(差異點)은 서로 다르다는 뜻이며 우리 말로는 다른 점입니다.

차이점(差異點)은 서로 다른 점이라는 뜻입니다.

한자 어휘 학습으로 쏙쏙 개념 익히기 한쏙과학

한자로 차이(差異)를 쓰고 소리를 내어 읽어 봅시다. 차이는 다르다는 뜻입니다.

교과서에서는
동물의 한살이를 공부하면서 여러 가지 공통점과 차이점을 찾아봅니다.

알을 낳는 동물의 한살이에서
공통점과 차이점을 알아보기도 하고
새끼를 낳는 동물의 한살이에서
공통점과 차이점을 알아보기도 합니다.

동물의 한살이에서 개와 토끼의 공통점은 새끼를 낳는 점입니다.

개와 개의 새끼	토끼와 토끼의 새끼	개와 토끼의 공통점
		새끼를 낳는다

다음은 알을 낳는 공통점이 있는 동물들입니다.
서로의 차이점은 무엇일까요?

여러 가지 알을 낳는 동물		차이점
닭(땅에 알을 낳는다)	오리(땅에 알을 낳는다)	알을 낳는 장소가 다르다
연어(물에 알을 낳는다)	개구리(물에 알을 낳는다)	

한자 어휘 학습으로 쏙쏙 개념 익히기 한쪽과학

문제를 풀면서 **알아보기**

✏ 한자로 <u>共通點</u>이라고 쓰며, '서로 같은 점'을 뜻하는 낱말은 무엇일까요?

....

✏ 한자로 <u>差異點</u>이라고 쓰며, '서로 다른 점'을 뜻하는 낱말은 무엇일까요?

....

✏ 동물의 한살이와 관련하여, 빈칸에 다음 동물들의 공통점을 써 보세요.

동물 모습	이름	차이점	공통점
	개		
	토끼	○ 임신 기간 ○ 한 번에 낳을 수 있는 새끼 수 ○ 새끼가 다 자랄 때 까지 걸리는 시간	
	고양이		

한자를 읽고 쓰기 연습을 해 보세요.

共

한가지 공

공(共)은 한가지라는 뜻을 지니고 있습니다.

共	共	共				
共						

通

통할 통

통(通)은 통한다는 뜻을 지니고 있습니다.

通	通	通	通			
通						

差

다를 차

차(差)는 다르다는 뜻을 지니고 있습니다.

差	差	差	差				
差							

異

다를 이

이(異)도 다르다는 뜻을 지니고 있습니다.

異	異	異					
異							

極

다할 극

자석의 N극과
S극은 서로 붙을까?

자석의 이용

4-1 극 (極)

극

極

무슨 뜻인가요?

'극'이라는 말은 주로 언제 들어 봤나요?

북극에는 북극곰이 살고 남극에는 펭귄이 살지요.

북극(北極)에 사는 북극곰

남극(南極)에 사는 펭귄

동서남북을 아시나요?

지도에서 오른쪽을 동(東), 왼쪽을 서(西), 아래쪽을 남(南), 위쪽을 북(北)이라고 하는 약속이 있습니다. 모두 한자에서 온 말입니다.

영어로는 남(南)을 S(에스)라 하고 북(北)을 N(엔)이라 합니다.

한자 어휘 학습으로 쏙쏙 개념 익히기 한쏙과학

한자로 배워 봐요!

북극곰이 사는 곳을 왜 북극이라고 할까요?

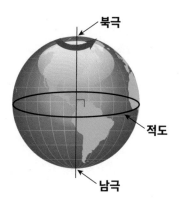

북극(北極)은 지구의 북쪽 끝을 말하기 때문입니다.
물론 남극(南極)은 지구의 남쪽 끝을 말하죠.
한자로 極(극)은 '끝'을 뜻하며, 다할 극입니다.

> 한자로 극(極)은 지구의 남쪽과 북쪽 끝을 말합니다.

한자로 극(極)을 쓰고 소리를 내어 읽어 봅시다.

뜻   소리

다할   극

교과서에서는

막대자석으로 공부를 합니다.

막대자석에서는 **빨간색에 쓰인 N(엔)**과

파란색에 쓰인 S(에스)를 볼 수 있습니다.

이곳이 N극과 S극입니다.

이 끝부분에 철로 된 물체가 가장 많이 붙습니다.

자석의 S극

자석의 N극

자석은 특별한 성질이 있습니다.

N극은 항상 지구의 북쪽 끝(북극)을 향하고

S극은 지구의 남쪽 끝(남극)을 가리킵니다.

우리는 이러한 성질을 이용해서 나침반을 만들고, 나침반으로 방향을 알 수 있습니다.

나침반에서 빨간색(N극)은
항상 지구의 북쪽(북극)을 가리킨다.

문제를 풀면서 알아보기

✏️ 한자로 極이라고 쓰며, '지구의 남쪽과 북쪽 끝'을 뜻하는 낱말은 무엇일까요?

✏️ 다음 그림을 살펴보면서, ( ) 안에 알맞은 답을 써 보세요.

(1) 자석에서 철로 된 물체가 가장 많이 붙는 곳을, 자석의

　　(　　　　(極))이라고 합니다.

(2) 자석의 극(極)은 (　　　　)극과 (　　　　)극이 있습니다.

(3) 자석에서 N극은 (　　　　　　)색으로 나타내고, (　　　　)극은 파란색으로 표시합니다.

 한자를 읽고 쓰기 연습을 해 보세요.

極 다할 극

極(극)은 '끝'을 뜻합니다.

極	極	極	極	極
極				

地
땅 지

面
얼굴 면

表
겉 표

球
공 구

지구의 모습

3학년 1학기

지구, 표면
地球, 表面

무슨 뜻인가요?

오른쪽 사진은
인공위성에서 본 지구의 모습입니다.
어떤 모양인가요?
또 무엇을 닮은 모양인가요?
네 둥근 모양입니다.
그리고 공을 닮은 모양입니다.

지구의 모습

지구뿐 아니라
여러 별들도 모두 둥근 공 모양입니다.

지구와 모양이 닮은 공 모양의 여러 별들

한자로 배워 봐요!

1. 지구

지구는 한자로 地球(지구)라고 씁니다.

지구(地球)에서
지(地)는 땅이라는 뜻으로 '땅 지'입니다.
구(球)는 공이라는 뜻으로 '공 구'입니다.

그러므로 지구(地球)는 공 모양의 땅을 말합니다.

> **한자로 지구(地球)는 공 모양의 땅을 말합니다.**

한자로 지구(地球)를 쓰고 소리를 내어 읽어 봅시다.

뜻	소리	뜻	소리
땅	지	공	구

2. 표면

우리가 발을 딛고 있는 지구의 겉면을
지구의 표면이라고 합니다.

지구의 표면에는 들도 있고 산도 있고, 바다도 있고, 사막도 있습니다.

표면은 한자로 表面(표면)이라고 씁니다.

표면(表面)에서
표(表)는 겉을 뜻하며 '겉 표'입니다.
면(面)도 겉을 뜻하고 '얼굴 면' 또는 '겉 면'입니다.

> **한자로 지구(地球) 표면(表面)은 지구의 얼굴, 곧 겉면을 말합니다.**

한자로 표면(表面)을 쓰고 소리를 내어 읽어 봅시다.

뜻	소리		뜻	소리
겉	표		얼굴	면

한자 어휘 학습으로 쏙쏙 개념 익히기 한쏙과학

교과서에서는 지구 표면에서 볼 수 있는 다양한 모습을 공부합니다.

지구 표면에는 산과 들, 바다와 사막이 있습니다.
또 계곡과 폭포, 화산과 빙하도 있습니다.
그리고 또 호수와 해변, 갯벌과 모래사장도 있습니다.

지구 표면의 들 · 지구 표면의 산 · 지구 표면의 바다 · 지구 표면의 사막
지구 표면의 계곡 · 지구 표면의 폭포 · 지구 표면의 화산 · 지구 표면의 빙하
지구 표면의 호수 · 지구 표면의 해변 · 지구 표면의 갯벌 · 지구 표면의 모래사장

교과서 속 다른 한자

여러 가지 많은 모양

多 樣

많을 **다**　모양 **양**

넓은 모래

沙 漠

모래 **사**　넓을 **막**

시냇물이 흐르는 골짜기

溪 谷

시내 **계**　골 **곡**

펼쳐져서 내리는 물

瀑 布

폭포 **폭**　펼 **포**

큰 얼음덩어리

氷 河

얼음 **빙**　물 **하**

바닷가

海 邊

바다 **해**　가 **변**

한자 어휘 학습으로 쏙쏙 개념 익히기 한쏙과학

문제를 풀면서 알아보기

✎ 한자로 <u>地球</u>라고 쓰며, '공 모양의 땅'을 뜻하는 낱말은 무엇일까요?

- -

✎ 다음 사진 중 지구 표면에서 볼 수 없는 것을 찾아 빈칸에 ○표 하세요.

    ①   ②   ③   ④

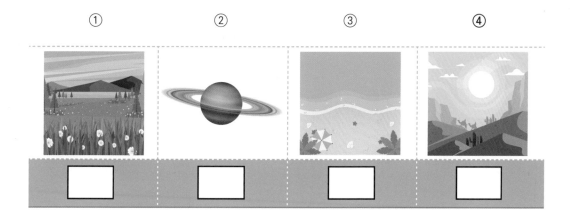

✎ 다음은 지구 표면에서 볼 수 있는 것 중 무엇에 관한 설명인지 빈칸에 써 보세요.
한자로는 沙漠이라고 씁니다.

○ 모래가 많다.

○ 비가 적게 내린다.

○ 식물이 잘 자라기 어렵다.

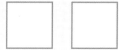

地

땅 지

지(地)는 땅이라는 뜻을 지니고 있습니다.

地	地	地	地			
地						

球

공 구

구(球)는 공이라는 뜻을 지니고 있습니다.

球	球	球	球	球		
球						

表

겉 표

표(表)는 겉을 뜻합니다.

表	表	表	表				
表							

面

얼굴 면

면(面)도 겉을 뜻합니다.

面	面	面			
面					

3학년 1학기

육지
陸地

무슨 뜻인가요?

뭍이라는 말을 들어본 적이 있나요?

지구의 표면에서
바다와 호수를 뺀 나머지를 뜻하는 순 우리말입니다.

이 뭍을 한자로는 육지라고 합니다.

참고로 바다를 나타내는 한자는 해(海)가 있습니다.
한자 해(海)는 바다를 뜻하며 '바다 해'입니다.

육군과 해군이라는 말도 있지요.

육군은 육지를 지키는 군인이고
해군은 바다를 지키는 군인을 말합니다.

뭍 (陸, 육)

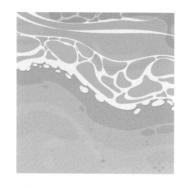

바다 (海, 해)

육지는 한자로 陸地(육지)라고 씁니다.

육지(陸地)에서
육(陸)은 뭍이라는 뜻으로 '뭍 육'입니다.
지(地)는 땅이라는 뜻으로 '땅 지'입니다.

육지(陸地)는 바다가 아닌 땅을 말합니다.
다른 말로 하면 뭍을 말합니다.

한자로 육지(陸地)는 바다가 아닌 땅, 뭍을 말합니다.

한자로 육지(陸地)를 쓰고 소리를 내어 읽어 봅시다.

뜻	소리	뜻	소리
뭍	육	땅	지

교과서에서는

육지와 바다의 특징을 공부합니다.

먼저 육지와 바다를 비교해 보고 바다가 육지보다 더 넓다는 공부를 합니다.

바다가 육지보다 더 넓습니다.

또 교과서에서는

육지의 물은 마실 수 있고

바닷물은 짜지만, 소금을 얻을 수 있다는 것을 공부합니다.

 문제를 풀면서 알아보기

✎ 한자로 <u>陸地</u>라고 쓰며, '바다가 아닌 땅, 뭍'을 뜻하는 낱말은 무엇일까요?

✎ 육지 물과 바닷물 중에서, 짠맛이 나고 소금을 얻을 수 있는 물은 무엇일까요?

한자를 읽고 쓰기 연습을 해 보세요.

陸 뭍 육

육(陸)은 뭍이라는 뜻을 지니고 있습니다.

陸	陸	陸	陸		
陸					

地 땅 지

지(地)는 땅이라는 뜻을 지니고 있습니다.

地	地	地	地		
地					

地
땅 지

表
겉 표

蝕
좀먹을 식

腐
썩을 부

浸
잠길 침

運
옮길 운

搬
옮길 반

한자를 알면
과학이 쉽단다!

단어가 쏙쏙!
들어와요!

지표의 변화

3학년 2학기

지표

地表

무슨 뜻인가요?

1학기에 지구 표면을 공부했죠?

지표는 지구의 표면 또는 땅의 겉면을 뜻합니다.

더운 열기가 지표를 뜨겁게 달구었다.

마그마가 지표를 뚫고 솟아올랐다.

해가 갈수록 온실 효과로 인해 지표의 온도가 상승하고 있다.

지구에서 지표의 최고점은 에베레스트산이다.

이렇게 사용하는 말입니다.

에베레스트산

지구 지표의 최고점

지표는 한자로 地表(지표)라고 씁니다.

지표(地表)에서
지(地)는 땅이라는 뜻으로 '땅 지'입니다.
표(表)는 겉을 뜻하며 '겉 표'입니다.

그러므로 지표는 땅의 겉면, 지구의 표면이라는 뜻을 지니고 있습니다.

한자로 지표(地表)는 <u>지구 표면</u>의 줄임말입니다.

한자로 지표(地表)를 쓰고 소리를 내어 읽어 봅시다.

뜻	소리		뜻	소리
땅	지		겉	표

교과서에서는
지표에서 흔히 볼 수 있는 흙을 주제로 공부합니다.

지표에 있는 바위나 돌은
아주 오랜 시간 동안 계속 부서져서 흙이 됩니다.

교과서에서는
바위나 돌이 작게 부서져 흙이 되는 과정을 공부합니다.
바위나 돌은 흐르는 물과 바람에 의해 부서집니다.
바위나 돌은 식물의 뿌리에 물이 얼고 녹으면서 부서지기도 합니다.

바위와 돌이 부서져 흙이 만들어지는 과정

바위나 돌은
흐르는 물에 부서지기도 합니다.

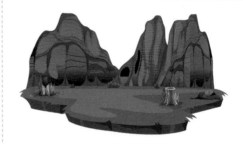

바위나 돌은
바람에 부서지기도 합니다.

바위나 돌은 식물의 뿌리에
부서지기도 합니다.

바위나 돌은 물이 얼고 녹으면서
부서지기도 합니다.

교과서에서는 또
파도가 어떻게 지표를 바꾸는지 공부합니다.

파도는 바닷가 바위를 깎아 절벽을 만들기도 하고
바닷가 바위에 구멍을 내서 동굴을 만들기도 합니다.

파도는 바닷가 바위를 깎아
촛대 모양의 바위를 만들기도 하고
코끼리 모양의 바위를 만들기도 합니다.

이런 것들을 파도의 침식 작용이라고 합니다.
침식의 한자 뜻은 뒤에서 곧 배우게 됩니다.

바닷가 절벽

바닷가 동굴

촛대 바위

코끼리 바위

침식된 돌과 흙은
바닷물에 의해 모래사장을 만들기도 합니다.
파도는 또 바닷속 모래를 바닷가로 운반하기도 합니다.
그러므로
바닷가의 아름다운 모래사장은
강물에 운반된 모래와 파도가 깎아 낸 모래
그리고 바닷물이 운반한 바닷속 모래들이 모두 모여서 만들어지는 것입니다.

파도가 모래와 흙을 옮기는 것을 운반 작용이라고 합니다.
운반의 한자 뜻도 뒤에서 곧 배우게 됩니다.

문제를 풀면서 알아보기

✏ 한자로 <u>地表</u>라고 쓰며, '지구의 표면'을 뜻하는 낱말은 무엇일까요?

- -

✏ 다음 □ 안에 알맞은 답을 써 보세요.

바위나 돌은 아주 오랜 시간 동안 작게 부서져서 이 된다.

✏ 다음은 바위나 돌이 흙으로 되는 과정을 나타낸 것입니다. 관련된 것들끼리 줄을 이어 보세요.

①

㉮ 흐르는 물에 부서지는
바위나 돌

②

㉯ 식물의 뿌리에 부서지는
바위나 돌

③

㉰ 물이 얼고 녹으며
부서지는 바위나 돌

地   땅 **지**

지(地)는 땅이라는 뜻을 지니고 있습니다.

地	地	地	地				
地							

表   겉 **표**

표(表)는 겉을 뜻합니다.

表	表	表	表			
表						

3학년 2학기

부식물
腐蝕物

무슨 뜻인가요?

낙엽을 본 적이 있지요?
식물의 잎 등이 땅에 떨어지면 점점 썩어 갑니다.
곤충 등 동물이 죽어도 함께 썩겠지요.
부식물은 흙 속에서 식물과 곤충 등이
오랫동안 썩어서 만들어진 물질을 말합니다.

식물이 잘 자라는 조건에는
햇빛, 온도, 공기, 양분 등이 필요해요.
여기서 부식물은
식물이 잘 자라는 데 도움을 주는 양분이에요.
부식물이 풍부한 흙에서 자란 식물이
비교적 튼튼하고 강하게 자라납니다.

식물의 잎이 땅에 떨어져서
썩어 가고 있는 모습

식물과 곤충 등 여러 가지
부식물이 들어 있는 밭의 흙

한자로 배워 봐요!

부식물은 한자로 腐蝕物(부식물)이라고 씁니다.

부식물(腐蝕物)에서
부(腐)는 썩는다는 뜻으로 '썩을 부'입니다.
음식이 모두 부패해서 먹을 수 없게 되었다. 이렇게 사용하는 말입니다.
식(蝕)은 좀먹거나 썩는다는 뜻으로 '좀먹을 식'입니다.
물(物)은 '만물 물'입니다.

그러므로 부식물(腐蝕物)은 흙 속에서 식물과 곤충 등이 오랫동안 썩어서 만들어진 물질을 말합니다.

한자로 부식물(腐蝕物)은 식물과 곤충 등이 썩은 물질을 뜻합니다.

한자로 부식물(腐蝕物)을 쓰고 소리를 내어 읽어 봅시다.

뜻	소리	뜻	소리	뜻	소리
썩을	부	좀먹을	식	만물	물

교과서에서는 운동장 흙과 화단의 흙을 비교하는 공부를 합니다. 특히 알갱이의 크기와 색깔, 촉감을 비교해 봅니다. 운동장 흙과 화단 흙을 비교한 결과는 다음과 같습니다.

운동장 흙과 화단 흙 비교하기

운동장 흙은 색깔이 밝고
알갱이 크기가 큽니다.

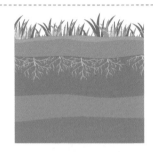

화단의 흙은 색깔이 어둡고
만지면 더 부드럽습니다.

교과서에서는
운동장 흙과 화단의 흙의 물 빠짐을 비교해 봅니다.
실험을 통해 운동장 흙의 물 빠짐이 더 좋다는 것을 알게 됩니다.

운동장 흙과 화단 흙의 물 빠짐 비교 실험

운동장 흙은 알갱이의 크기가 커서
물 빠짐이 더 좋습니다.

화단의 흙은 알갱이의 크기가 작아
물 빠짐이 느립니다.

그리고 운동장 흙과 화단의 흙을 물에 넣은 후 물 위에 뜨는 부식물을 비교합니다. 실험을 통해 화단 흙의 부식물이 더 많다는 것을 알게 됩니다.

운동장 흙과 화단 흙의 부식물 비교 실험

운동장 흙은 부식물이 적다.	화단의 흙은 부식물이 많고 나무뿌리나 죽은 벌레가 있다.

 문제를 풀면서 **알아보기**

✎ 한자로 <u>腐蝕物</u>이라고 쓰며, '흙 속에서 식물과 곤충 등이 오랫동안 썩어서 만들어진 물질'을 뜻하는 낱말은 무엇일까요?

✎ 운동장 흙과 화단 흙 중 물 빠짐이 느린 흙은 (　　　　　　　　) 입니다.

✎ 다음 글을 읽고 맞으면 ○표, 틀리면 X표 하세요.

화단 흙은 알갱이 크기가 크고 색깔이 밝습니다.	
화단 흙은 부식물이 많고 나무뿌리나 죽은 벌레 등을 볼 수 있습니다.	
운동장 흙은 부식물이 적습니다.	

한자를 읽고 쓰기 연습을 해 보세요.

腐 썩을 부

부(腐)는 썩는다는 뜻을 지니고 있습니다.

腐	腐	腐	腐	腐	腐		
腐							

蝕 좀먹을 식

식(蝕)은 좀먹거나 썩는다는 뜻을 지니고 있습니다.

蝕	蝕	蝕	蝕	蝕			
蝕							

物

만물 물

물(物)은 '물건'이나 '사물'이라는 뜻을 지니고 있습니다.

物	物						
物							

침식
浸蝕

무슨 뜻인가요?

침수라는 말을 들어 본 적이 있죠?

비가 많이 와서 도로가 침수되었다.
둑을 쌓아 논밭의 침수를 막았다.
태풍으로 홍수가 나서 논밭이 침수되었다.
차가 물에 잠기면 침수차가 됩니다.
또 물에 잠긴 도로는 침수 도로라 할 수 있습니다.
침수는 물에 잠기는 것을 말합니다.

갉아 먹는다는 말을 아시지요?
벌레가 식물의 잎을 갉아 먹는다.
어린 아기가 사과를 조금씩 갉아 먹는다.

이렇게 사용하는 말입니다.

침수차 : 물에 잠긴 차

침수 도로 : 물에 잠긴 도로

침수는 한자로 浸水(침수)라고 씁니다.

침수(浸水)에서 **침(浸)**은 잠긴다는 뜻으로 '잠길 침'이고 **수(水)**는 '물 수'입니다.

그러므로 침수는 물에 잠긴 것을 말합니다.

갉아 먹는다를 뜻하는 한자는 蝕(식)입니다.

식(蝕)은 갉아 먹다는 뜻이며 '좀 먹을 식'입니다.

갉아 먹다는 다른 말로 '깎아 낸다'와 비슷한 뜻입니다.

침식은 한자로 浸蝕(침식)이라고 씁니다.

침식(浸蝕)에서

침(浸)은 물에 잠긴다는 뜻으로 '잠길 침'입니다.

식(蝕)은 깎아 내거나 갉아 먹는다는 뜻으로 '좀 먹을 식'입니다.

그러므로 침식(浸蝕)은 물이 깎아 내는 것을 말합니다.

배춧잎을 갉아 먹는 메뚜기

갉아먹은 사과

빗물에 의한 침식(浸蝕)
큰비가 내려서 흙을 깎아 낸 모습

한자로 침식(浸蝕)은 물이 깎아 낸다는 뜻입니다.

침식(浸蝕)을 한자로 쓰고 소리를 내어 읽어 봅시다.

뜻	소리		뜻	소리
잠길	침		좀 먹을	식

교과서에서 살펴보기

교과서에서는 흐르는 물이 지표(地表)를 어떻게 변화시키는지 알아보기 위해 비가 온 후의 운동장 모습을 관찰합니다.

비가 온 후의 운동장 모습

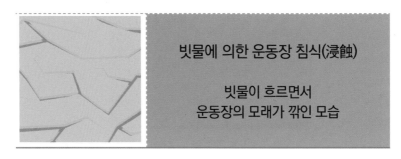

빗물에 의한 운동장 침식(浸蝕)

빗물이 흐르면서
운동장의 모래가 깎인 모습

한자 어휘 학습으로 쏙쏙 개념 익히기 한쏙과학

교과서에서는 또 흙 언덕과 비커의 물로, 흙과 모래가 깎이는 침식 모형실험을 합니다.
흙 언덕에 물을 부어 보면 언덕 위의 모래가 깎여 내려가는 것을 볼 수 있습니다.

흐르는 물에 의한 지표(地表) 변화 모형실험

| 흙 언덕에 비커의 물을 부어 보는 실험이
끝난 결과의 모습 | 흙 언덕 위쪽에서
침식(浸蝕)이 일어난 모습 |

흐르는 물은 흙만 깎아 내는 것은 아닙니다. 흐르는 물은 오랜 시간 동안 돌과 바위도 깎아 냅니다.
흐르는 물이 지표의 바위, 돌, 흙 등을 깎거나 부수는 것을 침식 작용이라고 합니다.

침식(浸蝕) 작용 : 흐르는 물이 바위, 돌, 흙을 깎는 것

문제를 풀면서 알아보기

✎ 한자로 <u>浸蝕</u>이라고 쓰며, '흐르는 물이 깎아 낸다.'라는 뜻을 지닌 낱말은 무엇일까요?

✎ 흐르는 물이 지표(地表)의 바위, 돌, 흙 등을 깎거나 부수는 것을 무엇이라고 할까요?

| | | 작 | 용 |

✎ 다음 그림에서 침식 작용이 일어난 곳은 어디일까요? (   )

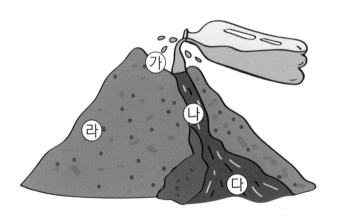

① 가   ② 나   ③ 다   ④ 라

浸

잠길 침

침(浸)은 물에 잠긴다는 뜻을 지니고 있습니다.

浸	浸	浸	浸			
浸						

蝕

좀 먹을 식

식(蝕)은 좀먹거나 갉아 먹는다는 뜻을 지니고 있습니다.

蝕	蝕	蝕	蝕	蝕		
蝕						

운반
運搬

무슨 뜻인가요?

운전기사라는 직업이 있습니다.
택시 운전기사도 있고 버스 운전기사도 있습니다.

운전기사에서 운은 한자로 運이라고 씁니다.
읽을 때는 '옮길 운' 입니다.

그러므로 운전기사는 택시나 버스를 이용해서
사람이나 물건을 옮기는 직업을 말합니다.

비가 많이 오는 날 강이나 냇물을 본 적이 있나요?
무슨 색을 띠고 있나요?
만약 흙색을 띠고 있다면 그 물속에 흙이 잔뜩 들어 있기 때문입니다.
흐르는 물은 자기가 침식한 흙을 스스로 운반하는 일도 합니다.

흐르는 물이 흙을 운반할 때의 물 색깔

흙을 운반(運搬)하고 있는 물(흙탕물)

자신이 침식한 흙을
스스로 운반하는 경우 물은 흙색을 띠며
이를 흙탕물이라고 한다.

운반은 한자로 運搬(운반)이라고 씁니다.

운반(運搬)에서
운(運)은 옮긴다는 뜻으로 '옮길 운'입니다.
반(搬)도 옮긴다는 뜻으로 '옮길 반'입니다.

한자로 운반(運搬)은 옮긴다는 뜻입니다.

운반(運搬)을 한자로 쓰고 소리를 내어 읽어 봅시다.

뜻	소리	뜻	소리
옮길	운	옮길	반

교과서에서는 흙 언덕을 만든 후 물을 이용해서 흙과 모래가 깎이는 모형실험을 합니다.

흙 언덕에 물을 부어 보면 언덕 위의 모래가 깎여 아래로 흘러가는 것을 볼 수 있습니다.

물이 흙을 아래로 옮기는 것을 한자로 '운반(運搬)'한다고 합니다.

흐르는 물은 흙을 깎아내는 침식 작용을 한다고 했습니다.

그리고 또 흐르는 물은 침식 작용을 통해 깎아 낸 흙을 운반하는 일도 합니다.

이렇게 흐르는 물이 침식된 바위, 돌, 흙 등을 옮기는 것을 운반 작용이라고 합니다.

> 운반(運搬) 작용 : 흐르는 물이 침식된 바위, 돌, 흙을 옮기는 것

 문제를 풀면서 알아보기

✎ 한자로 運搬이라고 쓰며, '옮긴다'라는 뜻을 지닌 낱말은 무엇일까요?

_____

✎ 흐르는 물이 침식된 바위, 돌, 흙 등을 옮기는 것을 무엇이라고 할까요?

		작	용

한자를 써 봐요 한자를 읽고 쓰기 연습을 해 보세요.

運 옮길 운

운(運)은 옮긴다는 뜻을 지니고 있습니다.

運	運	運				
運						

搬 옮길 반

반(搬)도 옮긴다는 뜻을 지니고 있습니다.

搬	搬	搬	搬	搬		
搬						

퇴적
堆積

무슨 뜻인가요?

흐르는 물이 흙을 침식하고
또 침식한 흙을 운반하는 것을 공부했습니다.

퇴적은 많이 덮쳐 쌓이는 것을 말합니다.
암석의 파편이나 생물의 유해(遺骸) 따위가 물이나 빙하, 바람의 작용으로 운반되어 일정한 곳에 쌓이는 것을 뜻하기도 합니다.

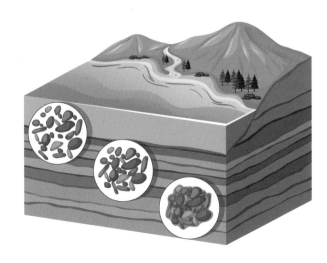

한자로 배워 봐요!

물에 의한 지표(地表) 변화를 공부하다 보면 堆積(퇴적)이라는 말이 나옵니다.

퇴적(堆積)에서
퇴(堆)는 쌓는다는 뜻으로 '쌓을 퇴'입니다.
적(積)도 쌓는다는 뜻으로 '쌓을 적'입니다.

한자로 퇴적(堆積)은 <u>쌓는다</u>는 뜻입니다.

퇴적(堆積)을 한자로 쓰고 소리를 내어 읽어 봅시다.

뜻	소리	뜻	소리
쌓을	퇴	쌓을	적

교과서에서 살펴보기

교과서에서는 침식과 운반 과정을 관찰하는 모형실험을 합니다.

흙 언덕에 물을 부어 보면 언덕 위의 모래가 침식(浸蝕)되어 아래로 운반(運搬)되어 쌓이는 것을 관찰할 수 있습니다.

흙이 아래에 쌓이는 것을 한자로 '퇴적(堆積)'이라고 합니다.

흐르는 물은
침식 작용도 하고 운반 작용도 합니다.
또 이렇게 운반한 물질을 쌓기도 합니다.

흐르는 물이 운반한 물질을 쌓는 것을 퇴적(堆積) 작용이라고 합니다.

> **퇴적(堆積) 작용 : 흐르는 물이 운반한 물질을 쌓는 것**

 문제를 풀면서 알아보기

✎ 다음 글을 읽고 (　　　)안에 알맞은 답을 써 보세요.

> 흐르는 물은 침식 작용, (　　　　　　　), (　　　　　　　)을 통해
> 지표(地表)를 계속 변화시킨다.

✎ 흐르는 물이 침식된 바위, 돌, 흙 등을 옮겨서 쌓는 것을 무엇이라고 할까요?

		작	용

한자를 써 봐요

堆

쌀을 **퇴**

퇴(堆)는 쌓는다는 뜻을 지니고 있습니다.

堆	堆	堆	堆				
堆							

積

쌀을 **적**

적(積)도 쌓는다는 뜻을 지니고 있습니다.

積	積	積	積				
積							

상류, 중류, 하류
上流, 中流, 下流

무슨 뜻인가요?

상, 중, 하. 이 말을 들어 본 적 있나요?

과일을 품질에 따라 상 중 하로 나눈다.
학생들을 성적에 따라 상 중 하로 나눈다.
이렇게 사용하는 말입니다.

상, 중, 하는 비교적 쉬운 한자입니다.
교과서에서는 강물을 공부하면서
상류와 중류 그리고 하류라는 말을 사용합니다.

상류

중류

하류

바다

강의 상류(上流)와 중류(中流), 하류(下流)를 그림으로 보면 위와 같습니다.

상, 중, 하는 한자로 上, 中, 下 라고 씁니다. **상(上)은 위라는 뜻으로 '윗 상'입니다.**
중(中)은 가운데라는 뜻으로 '가운데 중'입니다. 하(下)는 아래라는 뜻으로 '아래 하'입니다.

흐를 류라는 한자가 있습니다. 흐를 류는 한자로 流(류)라고 씁니다.
류(流)는 흐른다는 뜻이며 '흐를 류'입니다.

가운데에서 흐르는 물을 중류(中流)라고 합니다.
강의 상류는 산과 연결되어 있고 강의 하류는 바다와 연결되어 있습니다. 그러므로
우리가 차를 타고 가면서 볼 수 있는 모습은 대부분 강의 중류(中流)입니다.

중류(中流)는 강의 가운데에서 흐른다는 뜻입니다.

중류(中流)를 한자로 쓰고 소리를 내어 읽어 봅시다.

뜻	소리	뜻	소리
가운데	중	흐를	류

상류(上流)에서 상(上)은 위를 뜻하고, 류(流)는 흐른다는 뜻입니다.

그러므로

위에서 흐르는 물을 상류(上流)라고 합니다.

하류(下流)에서

하(下)는 아래를 뜻합니다.

그러므로

아래에서 흐르는 물을 하류(下流)라고 합니다.

> 상류(上流)는 강의 위에서 흐른다는 뜻입니다.
> 하류(下流)는 강의 아래에서 흐른다는 뜻입니다.

상하(上下)를 한자로 쓰고 소리를 내어 읽어 봅시다.

뜻	소리	뜻	소리
윗	상	아래	하

한자 어휘 학습으로 쑥쑥 개념 익히기 한쏙과학

교과서에서는 여러 가지 사진 자료를 가지고 강 주변 모습을 살펴보고

상류와 하류의 특징을 공부합니다.

강의 상류에서는 주로 침식 작용이 일어납니다.

강의 하류에서는 주로 퇴적 작용이 일어납니다.

강의 상류와 하류의 특징

강의 상류	강의 하류
큰 돌이 많다.	작은 돌과 모래, 흙이 많다.
폭이 좁다.	폭이 넓다.
경사가 급하다.	경사가 완만하다.
침식 작용	퇴적 작용

문제를 풀면서 알아보기

✏️ 다음 중에서 서로 관련된 것들끼리 줄을 이어 보세요.

中流   ○   ○   강의 중류

강의 폭이 좁다.   ○   ○   강의 상류

퇴적 작용이 일어난다.   ○   ○   강의 하류

中

가운데 중

중(中)은 가운데를 뜻합니다.

中	中						
中							

流

흐를 류

류(流)는 흐른다는 뜻입니다.

流	流	流	流			
流						

윗 **상**

상(上)은 위라는 뜻을 지니고 있습니다.

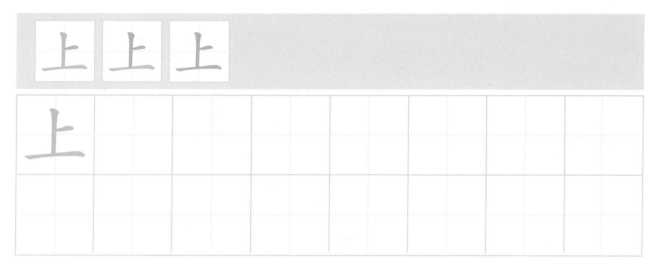

아래 **하**

하(下)는 아래라는 뜻을 지니고 있습니다.

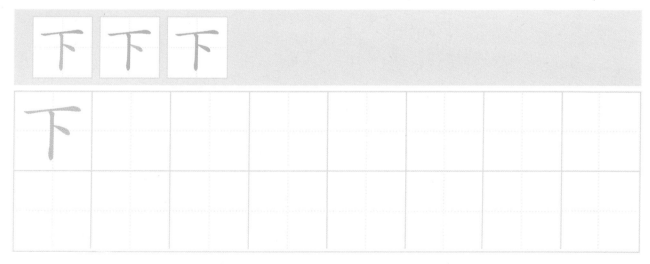

固
굳을 고

體
몸 체

固 體
굳을 고   몸 체

물질의 상태

2-1   고체 (固體)

3학년 2학기

고체
固體

무슨 뜻인가요?

기억나시나요? 1학기에 우리는 '물체'를 공부했습니다.

物	體
물건 물	몸 체

물체는 몸이 있는 물건이라고 했죠?

물체에는 책상도 있고, 지우개도 있고, 유리컵도 있고, 식판도 있습니다.

모두 자기의 모양을 가지고 있는 물건을 말한다고 했습니다.

고체는 물체와 비슷한 뜻을 지니고 있습니다.

고체도 자기의 모양과 부피를 가지고 있습니다.

월   일

고체는 손으로 만질 수 있으며 대부분 단단합니다.

주변에 손으로 만질 수 있고 굳어 있는 물체는 무엇이 있나요?

연필도 고체고 지우개도 고체입니다.

의자도 고체고 책상도 고체입니다.

우리 주변의 여러 가지 고체 물질

연필과 컵   지우개   책상   의자

고체는 한자로 固體(고체)라고 씁니다.

고체(固體)에서

고(固)는 단단하게 굳어 있다는 뜻이며 '굳을 고'입니다.

체(體)는 몸을 뜻하며, '몸 체'입니다.

한자로 고체(固體)는 굳어 있는 물체를 말합니다.

고체(固體)를 한자로 쓰고 소리를 내어 읽어 봅시다.

뜻	소리	뜻	소리
굳을	고	몸	체

교과서에서 살펴보기

교과서에서는 물질의 상태를 비교하는 공부를 합니다.
물질을 여러 가지 방법으로 관찰한 후 고체와 액체, 기체로 분류합니다.

먼저 손으로 잡을 수 있는 물질과 그렇지 못한 물질로 분류해 볼까요?

나무와 종이는 손으로 잡을 수 있습니다. 그래서 고체입니다.
물은 손으로 잡을 수 없습니다. 그래서 고체가 아닙니다.

손으로 잡을 수 있는 물질과 잡을 수 없는 물질

물질	물질의 관찰	물질의 상태
나무, 종이	손으로 잡을 수 있다	고체
물, 공기	손으로 잡을 수 없다	고체가 아니다

고체가 아닌 물질들은 또 '눈에 보이는 것'과 '보이지 않는 것'으로 분류할 수 있습니다.

고체가 아닌 물질 중에서 물은 눈으로 볼 수 있습니다.

고체가 아닌 물질 중에서 눈으로 볼 수 있는 물은 액체입니다.

고체가 아닌 물체 중에서 공기는 눈으로 볼 수 없습니다.

고체가 아닌 물체 중에서 눈으로 볼 수 없는 공기는 기체입니다.

고체가 아닌 물질의 분류

물질	물질의 관찰	물질의 상태
물	눈으로 볼 수 있다	액체
공기	눈으로 볼 수 없다	기체

고체(固體)는 눈으로 볼 수도 있고 손으로 만질 수도 있습니다.

고체(固體)는 어떤 용기에 담아도 그 모양이 변하지 않습니다.

물은 담는 용기에 따라 모양이 변합니다.

그래서 고체가 아닙니다.

담는 용기에 따라 모양이 변하는지 분류하기

용기가 달라져도 모양이 변하지 않는다.	용기에 따라 모양이 변한다.
고체	고체가 아니다.

고체는 눈으로 볼 수 있고, 손으로 만질 수도 있으며, 용기가 달라져도 모양과 부피가 변하지 않는 상태를 말합니다.

> **고체(固體) 상태**
>
> 용기가 달라져도 모양과 부피가 변하지 않는 물질의 상태

한편 액체는 담는 용기에 따라 모양은 변하지만, 부피는 변하지 않습니다.
담는 용기에 따라 모양이 변하고 그 공간을 가득 채우는 물질의 상태를 기체라고 합니다.

 문제를 풀면서 **알아보기**

✏ 담는 용기가 달라져도 그 모양이 변하지 않는 물질의 상태는 무엇인가요?

		상	태

✏ 물질의 상태에 대한 설명을 읽고 알맞은 답을 아래에서 골라 써 보세요.

고체	액체	기체

담는 용기가 달라져도 모양과 부피가 변하지 않는 물질의 상태는?		
담는 용기에 따라 모양은 변하지만, 부피는 변하지 않는 물질의 상태는?		
담는 용기에 따라 모양이 변하고 그 공간을 가득 채우는 물질의 상태는?		

한자 어휘 학습으로 쏙쏙 개념 익히기 한쏙과학

한자를 써 봐요   한자를 읽고 쓰기 연습을 해 보세요.

固

굳을 고

고(固)는 단단하게 굳어 있다는 뜻을 지니고 있습니다.

固	固	固	固			
固						

體

몸 체

체(體)는 몸을 뜻합니다.

體	體	體	體	體	體
體					

反
돌아올 반

射
쏠 사

音
소리 음

騷
떠들 소

소리의 성질

반사
反射

무슨 뜻인가요?

4학년이 되면 빛과 그림자를 공부합니다.

손전등의 빛을 거울에 쏘면 다시 돌아오는 재미있는 실험도 합니다.

거울을 이용해서 햇빛을 반사시켜 다른 곳으로 쏘아 보내는 재미있는 놀이를 할 수도 있습니다.

이것을 빛의 반사라고 합니다.

소리도 쏘면 다시 돌아옵니다.

메아리란 말을 들어 봤죠?

산에 가서 '야호' 하고 크게 외치면 반대편 산에서 다시 '야호'라고 합니다.

이런 소리를 메아리 소리라고 합니다.

내가 보낸 소리가 앞산에 반사되어 다시 돌아오는 것입니다.

그러니까 소리도 반사(反射)된다는 것을 알 수 있습니다.

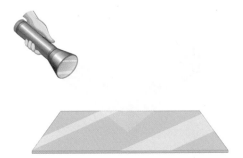

거울에 쏜 빛이 거울에 반사되어 되돌아오는 모습

메아리는 소리가 반사되어 다시 돌아오는 소리

앞의 글에서 '빛을 보낸다' 하지 않고 '빛을 쏜다' 고 표현하는 것은 특별한 이유가 있습니다.

그 이유는 한자와 관련이 있습니다.

반사에서 사(射)는 쏜다는 뜻으로 '쏠 사'입니다.
반사에서 반(反)은 돌아온다는 뜻으로 '돌아올 반'입니다.

그러므로 반사(反射)는 쏜 후에 다시 돌아오는 것을 말합니다.

한자로 반사(反射)는 쏜 후에 다시 돌아오는 것을 말합니다.

반사(反射)를 한자로 쓰고 소리를 내어 읽어 봅시다.

反 射

뜻	소리	뜻	소리
돌아올	반	쏠	사

교과서에서 살펴보기

교과서에서는 딱딱한 나무판과 부드러운 스펀지 판에 소리를 보낸 후 어느 쪽에서 반사가 더 잘되는지 공부합니다.

실험 결과 부드러운 스펀지 판보다 딱딱한 나무판에서 소리가 더 잘 돌아온다는 것을 알 수 있습니다.

물체에 부딪혀 소리가 반사되는 정도

나무판	스펀지판
단단한 물체는 반사가 잘된다.	부드러운 물체는 반사가 잘 안된다.

우리 생활 속에서도 소리가 반사되는 것을 알 수 있습니다.

산에서 메아리 소리를 들을 수 있는 것은 소리의 반사 때문이라고 했죠?

동굴이나 강당에서도 소리가 반사되는 것을 실험해 볼 수 있습니다.

소리가 반사되는 것을 알 수 있는 예

| 산에서의 반사 | 동굴에서의 반사 | 강당에서의 반사 |

 문제를 풀면서 알아보기

✏ 한자로 反射라고 쓰며 '다시 돌아온다'는 뜻을 지닌 낱말은 무엇일까요?

_____

✏ 소리가 퍼져 나아가다 물체에 부딪쳐서 되돌아오는 성질을 소리의 무엇이라고 할까요?

_____

다음 중 소리의 반사와 관련된 그림이 아닌 것에 ○표 하세요.

① ② ③ ④

다음 중 소리의 반사가 잘되어 더 크게 들리는 물체를 찾아서 □안에 > 또는 < 로 표시하세요.

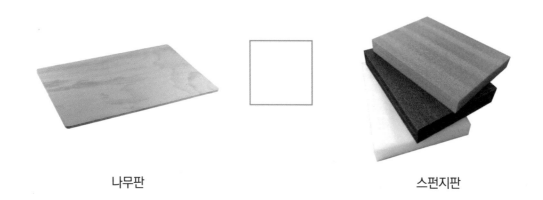

나무판   스펀지판

한자 어휘 학습으로 쏙쏙 개념 익히기 한쏙과학

反

돌아올 **반**

반(反)은 돌아온다는 뜻을 지니고 있습니다.

反	反	反					
反							

射

쏠 **사**

사(射)는 쏜다는 뜻을 지니고 있습니다.

射	射	射	射				
射							

소음
騷音

무슨 뜻인가요?

시끄럽게 떠드는 소리를 소음이라고 합니다.

아파트에 살다 보면
층간소음으로 다툼이 생길 수 있습니다.

자동차 소음이 크니 창문을 닫을까요?

이렇게 사용하는 말입니다.

소음은 한자로 騷音(소음)이라고 씁니다.

騷音(소음)에서
소(騷)는 시끄럽게 떠든다는 뜻으로 '떠들 소'입니다.
음(音)은 '소리 음'입니다.

그러므로 소음(騷音)은 시끄러운 소리를 말합니다.

> **소음(騷音)은 시끄러운 소리를 말합니다.**

소음(騷音)을 한자로 쓰고 소리를 내어 읽어 봅시다.

뜻	소리	뜻	소리
떠들	소	소리	음

교과서에서는 소음(騷音)을 줄이는 방법을 공부합니다.

소음을 줄이기 위해서는 우선 소리의 크기를 작게 해야 합니다.

그리고 또 소음을 줄이기 위해서는

소리를 반사시키거나, 막아야 합니다.

막는 것을 차단이라고 합니다.

우리 주변에서 소음을 차단하기 위해서 만든 방음벽이 어디에 있는지 살펴보세요.

소음을 줄이기 위해 만든 방음벽

| 도로의 방음벽 | 아파트 방음벽 | 강당의 방음벽 |

 문제를 풀면서 알아보기

✎ 다음 중에서 서로 관련된 것들끼리 줄을 이어 보세요.

소리 음	○		○	騷
떠들 소	○		○	音
소음을 막는 벽	○		○	소음
시끄럽게 떠드는 소리	○		○	방음벽

한자를 읽고 쓰기 연습을 해 보세요.

騷

떠들 소

소(騷)는 시끄럽게 떠든다는 뜻을 지니고 있습니다.

騷	騷	騷	騷				
騷							

音

소리 음

음(音)은 소리를 뜻합니다.

音	音	音	音				
音							

문제를 풀면서 알아보기

정답

3학년 1학기

1. 과학자는 어떻게 탐구할까요?

16쪽 1. 과학

20쪽 1. 관찰

24쪽 1. 측정 2. ④

28쪽 1. 분류 2. 분류

32쪽 1. 예상 2. 20cm

36쪽 1. 공기 중의 수증기가 붙었다 등

2. 물질의 성질

42쪽 1. 물체 2. 물체, 물체, 물체, 물체, 물체

48쪽 1. 물질 2. 고무 물질, 나무 물질, 플라스틱 물질 3. ×, ○

3. 동물의 한살이

56쪽 1. 동물 2. 큰 강아지

64쪽 1. 아닐 불 2. ×, ○

71쪽 1. 공통점 2. 차이점 3. 새끼를 낳는다.

4. 자석의 이용

79쪽 1. 극 2. (1) 극 (2) N, S (3) 빨간, S

5. 지구의 모습

87쪽 1. 지구 2. ② 3. 사막

92쪽 1. 육지 2. 바다

3학년 2학기

1. 지표의 변화

100쪽 1. 지표 2. 흙 3. ①-㉯, ②-㉮, ③-㉰

105쪽 1. 부식물 2. 화단의 흙 3. ×, ○, ○

112쪽 1. 침식 2. 침식 3. ②

116쪽 1. 운반 2. 운반

120쪽 1. 운반 작용, 퇴적 작용 2. 퇴적

125쪽
○ ━━━ ○
○ ─── ○
○ ─── ○

2. 물질의 상태

134쪽 1. 고체 2. 고체, 액체, 기체

3. 소리의 성질

141쪽 1. 반사, 반사

142쪽 1. ③ 2. ＞

146쪽